快递暂行条例

中国法治出版社

快递暂行条例
KUAIDI ZANXING TIAOLI

经销/新华书店
印刷/保定市中画美凯印刷有限公司
开本/850毫米×1168毫米 32开 印张/1 字数/13千
版次/2025年4月第1版 2025年4月第1次印刷

中国法治出版社出版
书号 ISBN 978-7-5216-5179-9 定价：5.00元

北京市西城区西便门西里甲16号西便门办公区
邮政编码：100053 传真：010-63141600
网址：http：//www.zgfzs.com 编辑部电话：010-63141673
市场营销部电话：010-63141612 印务部电话：010-63141606

（如有印装质量问题，请与本社印务部联系。）

目 录

中华人民共和国国务院令（第 806 号） …………（1）

国务院关于修改《快递暂行条例》的决定 …………（2）

快递暂行条例 ……………………………………（6）

司法部、交通运输部、国家邮政局负责人
　　就《国务院关于修改〈快递暂行条例〉
　　的决定》答记者问 …………………………（24）

中华人民共和国国务院令

第 806 号

《国务院关于修改〈快递暂行条例〉的决定》已经2025年3月12日国务院第54次常务会议通过,现予公布,自2025年6月1日起施行。

总理　李强

2025 年 4 月 13 日

国务院关于修改
《快递暂行条例》的决定

国务院决定对《快递暂行条例》作如下修改：

一、增加一条，作为第三条："快递业发展应当遵循市场主导、保障安全、创新驱动、协同发展的原则，构建普惠城乡、技术先进、服务优质、安全高效、绿色节能的快递服务体系。"

二、将第九条改为第十条，修改为："国家完善综合性支持政策，推进快递包装绿色化、减量化、可循环。

"国家鼓励经营快递业务的企业和寄件人使用可降解、可重复利用的环保包装材料。"

三、增加一章，作为第六章，章名为"快递包装"，包括第三十七条至第四十五条。

四、增加一条，作为第三十七条："快递包装应当符合寄递生产作业的要求，节约使用资源，避免过度包装，防止污染环境。

"国务院标准化行政主管部门和国务院邮政管理等部门按照职责分工组织制定快递包装的国家标准、行业标准。快递包装应当符合强制性国家标准。"

五、增加一条，作为第三十八条："国家鼓励科技创新，支持采用新技术、新材料、新工艺研发、生产符合绿色环保要求的快递包装。"

六、增加一条，作为第三十九条："经营快递业务的企业应当在保障快递安全的前提下，优化快递包装方式和包装结构设计，节约使用包装物。

"鼓励经营快递业务的企业使用通过绿色产品认证的包装物。"

七、增加一条，作为第四十条："国家推动经营快递业务的企业与商品生产企业、电子商务企业协同发展，推广商品原装直发，减少寄递环节的二次包装。"

八、增加一条，作为第四十一条："经营快递业务的企业应当制定并实施快递包装操作规范，加强对其从业人员快递包装操作技能的培训。"

九、增加一条，作为第四十二条："经营快递业务的企业应当制定并实施包装物回收利用管理制度，优化业务流程，提高包装物的回收利用率。

"鼓励在快递经营场所和企业事业单位、住宅小区等其他适当场所设置包装物回收设施设备。"

十、增加一条，作为第四十三条："经营快递业务的企业应当按照国家有关规定向邮政管理部门报告包装物中一次性塑料制品的使用、回收情况。"

十一、增加一条，作为第四十四条："国务院有关部门、县级以上地方人民政府及其有关部门应当组织开展多种形式的宣传教育活动，新闻媒体应当开展公益宣传，提高公众的环保包装意识。

"鼓励经营快递业务的企业通过积分奖励、寄件优惠等方式引导用户重复使用包装物。"

十二、增加一条，作为第四十五条："依法成立的快递行业组织应当将经营快递业务的企业使用、回收包装物等情况纳入行业自律范围，并及时向社会公布有关情况。"

十三、将第三十六条改为第四十六条，增加一项，作为第四项："（四）经营快递业务的企业是否落实快递包装有关管理制度和强制性国家标准"。

十四、增加一条，作为第五十六条："经营快递业务的企业采用的快递包装不符合强制性国家标准，或者未按照国家有关规定向邮政管理部门报告包装物中一次性塑料制品的使用情况的，由邮政管理部门依照《中华人民共和国标准化法》、《中华人民共和国固体废物污染环境防治法》等法律、行政法规的规定予以处罚。

"经营快递业务的企业未按照规定制定、实施快递包装操作规范或者包装物回收利用管理制度的，由邮政管理部门责令改正；拒不改正的，处5000元以上2万元以下的罚款。"

十五、对部分条文作以下修改：

（一）将第五条、第六条分别改为第六条、第七条，其中的"工商行政管理"修改为"市场监督管理"。

（二）将第十条改为第十一条，其中的"城乡规划和土地利用总体规划"修改为"国土空间规划"。

此外，对条文顺序作相应调整。

本决定自 2025 年 6 月 1 日起施行。

《快递暂行条例》根据本决定作相应修改，重新公布。

快递暂行条例

(2018年3月2日中华人民共和国国务院令第697号公布 根据2019年3月2日《国务院关于修改部分行政法规的决定》第一次修订 根据2025年4月13日《国务院关于修改〈快递暂行条例〉的决定》第二次修订)

第一章 总　则

第一条 为促进快递业健康发展，保障快递安全，保护快递用户合法权益，加强对快递业的监督管理，根据《中华人民共和国邮政法》和其他有关法律，制定本条例。

第二条 在中华人民共和国境内从事快递业务经营、接受快递服务以及对快递业实施监督管理，适用本条例。

第三条 快递业发展应当遵循市场主导、保障安全、创新驱动、协同发展的原则，构建普惠城乡、技术先进、服务优质、安全高效、绿色节能的快递服务体系。

第四条 地方各级人民政府应当创造良好的快递业

营商环境,支持经营快递业务的企业创新商业模式和服务方式,引导经营快递业务的企业加强服务质量管理、健全规章制度、完善安全保障措施,为用户提供迅速、准确、安全、方便的快递服务。

地方各级人民政府应当确保政府相关行为符合公平竞争要求和相关法律法规,维护快递业竞争秩序,不得出台违反公平竞争、可能造成地区封锁和行业垄断的政策措施。

第五条 任何单位或者个人不得利用信件、包裹、印刷品以及其他寄递物品(以下统称快件)从事危害国家安全、社会公共利益或者他人合法权益的活动。

除有关部门依照法律对快件进行检查外,任何单位或者个人不得非法检查他人快件。任何单位或者个人不得私自开拆、隐匿、毁弃、倒卖他人快件。

第六条 国务院邮政管理部门负责对全国快递业实施监督管理。国务院公安、国家安全、海关、市场监督管理等有关部门在各自职责范围内负责相关的快递监督管理工作。

省、自治区、直辖市邮政管理机构和按照国务院规定设立的省级以下邮政管理机构负责对本辖区的快递业实施监督管理。县级以上地方人民政府有关部门在各自职责范围内负责相关的快递监督管理工作。

第七条 国务院邮政管理部门和省、自治区、直辖市邮政管理机构以及省级以下邮政管理机构（以下统称邮政管理部门）应当与公安、国家安全、海关、市场监督管理等有关部门相互配合，建立健全快递安全监管机制，加强对快递业安全运行的监测预警，收集、共享与快递业安全运行有关的信息，依法处理影响快递业安全运行的事件。

第八条 依法成立的快递行业组织应当保护企业合法权益，加强行业自律，促进企业守法、诚信、安全经营，督促企业落实安全生产主体责任，引导企业不断提高快递服务质量和水平。

第九条 国家加强快递业诚信体系建设，建立健全快递业信用记录、信息公开、信用评价制度，依法实施联合惩戒措施，提高快递业信用水平。

第十条 国家完善综合性支持政策，推进快递包装绿色化、减量化、可循环。

国家鼓励经营快递业务的企业和寄件人使用可降解、可重复利用的环保包装材料。

第二章 发展保障

第十一条 国务院邮政管理部门应当制定快递业发展规划，促进快递业健康发展。

县级以上地方人民政府应当将快递业发展纳入本级

国民经济和社会发展规划，在国土空间规划中统筹考虑快件大型集散、分拣等基础设施用地的需要。

县级以上地方人民政府建立健全促进快递业健康发展的政策措施，完善相关配套规定，依法保障经营快递业务的企业及其从业人员的合法权益。

第十二条　国家支持和鼓励经营快递业务的企业在农村、偏远地区发展快递服务网络，完善快递末端网点布局。

第十三条　国家鼓励和引导经营快递业务的企业采用先进技术，促进自动化分拣设备、机械化装卸设备、智能末端服务设施、快递电子运单以及快件信息化管理系统等的推广应用。

第十四条　县级以上地方人民政府公安、交通运输等部门和邮政管理部门应当加强协调配合，建立健全快递运输保障机制，依法保障快递服务车辆通行和临时停靠的权利，不得禁止快递服务车辆依法通行。

邮政管理部门会同县级以上地方人民政府公安等部门，依法规范快递服务车辆的管理和使用，对快递专用电动三轮车的行驶时速、装载质量等作出规定，并对快递服务车辆加强统一编号和标识管理。经营快递业务的企业应当对其从业人员加强道路交通安全培训。

快递从业人员应当遵守道路交通安全法律法规的规定，按照操作规范安全、文明驾驶车辆。快递从业人员因执行工作任务造成他人损害的，由快递从业人员所属的经营快递业务的企业依照民事侵权责任相关法律的规定承担侵权责任。

第十五条 企业事业单位、住宅小区管理单位应当根据实际情况，采取与经营快递业务的企业签订合同、设置快件收寄投递专门场所等方式，为开展快递服务提供必要的便利。鼓励多个经营快递业务的企业共享末端服务设施，为用户提供便捷的快递末端服务。

第十六条 国家鼓励快递业与制造业、农业、商贸业等行业建立协同发展机制，推动快递业与电子商务融合发展，加强信息沟通，共享设施和网络资源。

国家引导和推动快递业与铁路、公路、水路、民航等行业的标准对接，支持在大型车站、码头、机场等交通枢纽配套建设快件运输通道和接驳场所。

第十七条 国家鼓励经营快递业务的企业依法开展进出境快递业务，支持在重点口岸建设进出境快件处理中心、在境外依法开办快递服务机构并设置快件处理场所。

海关、邮政管理等部门应当建立协作机制，完善进出境快件管理，推动实现快件便捷通关。

第三章 经营主体

第十八条 经营快递业务，应当依法取得快递业务经营许可。邮政管理部门应当根据《中华人民共和国邮政法》第五十二条、第五十三条规定的条件和程序核定经营许可的业务范围和地域范围，向社会公布取得快递业务经营许可的企业名单，并及时更新。

第十九条 经营快递业务的企业及其分支机构可以根据业务需要开办快递末端网点，并应当自开办之日起20日内向所在地邮政管理部门备案。快递末端网点无需办理营业执照。

第二十条 两个以上经营快递业务的企业可以使用统一的商标、字号或者快递运单经营快递业务。

前款规定的经营快递业务的企业应当签订书面协议明确各自的权利义务，遵守共同的服务约定，在服务质量、安全保障、业务流程等方面实行统一管理，为用户提供统一的快件跟踪查询和投诉处理服务。

用户的合法权益因快件延误、丢失、损毁或者内件短少而受到损害的，用户可以要求该商标、字号或者快递运单所属企业赔偿，也可以要求实际提供快递服务的企业赔偿。

第二十一条 经营快递业务的企业应当依法保护其从业人员的合法权益。

经营快递业务的企业应当对其从业人员加强职业操守、服务规范、作业规范、安全生产、车辆安全驾驶等方面的教育和培训。

第四章　快递服务

第二十二条　经营快递业务的企业在寄件人填写快递运单前,应当提醒其阅读快递服务合同条款、遵守禁止寄递和限制寄递物品的有关规定,告知相关保价规则和保险服务项目。

寄件人交寄贵重物品的,应当事先声明;经营快递业务的企业可以要求寄件人对贵重物品予以保价。

第二十三条　寄件人交寄快件,应当如实提供以下事项:

(一) 寄件人姓名、地址、联系电话;

(二) 收件人姓名(名称)、地址、联系电话;

(三) 寄递物品的名称、性质、数量。

除信件和已签订安全协议用户交寄的快件外,经营快递业务的企业收寄快件,应当对寄件人身份进行查验,并登记身份信息,但不得在快递运单上记录除姓名(名称)、地址、联系电话以外的用户身份信息。寄件人拒绝提供身份信息或者提供身份信息不实的,经营快递业务的企业不得收寄。

第二十四条　国家鼓励经营快递业务的企业在节假日期间根据业务量变化实际情况,为用户提供正常的快递服务。

第二十五条　经营快递业务的企业应当规范操作，防止造成快件损毁。

法律法规对食品、药品等特定物品的运输有特殊规定的，寄件人、经营快递业务的企业应当遵守相关规定。

第二十六条　经营快递业务的企业应当将快件投递到约定的收件地址、收件人或者收件人指定的代收人，并告知收件人或者代收人当面验收。收件人或者代收人有权当面验收。

第二十七条　快件无法投递的，经营快递业务的企业应当退回寄件人或者根据寄件人的要求进行处理；属于进出境快件的，经营快递业务的企业应当依法办理海关和检验检疫手续。

快件无法投递又无法退回的，依照下列规定处理：

（一）属于信件，自确认无法退回之日起超过6个月无人认领的，由经营快递业务的企业在所在地邮政管理部门的监督下销毁；

（二）属于信件以外其他快件的，经营快递业务的企业应当登记，并按照国务院邮政管理部门的规定处理；

（三）属于进境快件的，交由海关依法处理。

第二十八条　快件延误、丢失、损毁或者内件短少的，对保价的快件，应当按照经营快递业务的企业与寄件人约定的保价规则确定赔偿责任；对未保价的快件，依照民事法律的有关规定确定赔偿责任。

国家鼓励保险公司开发快件损失赔偿责任险种，鼓励经营快递业务的企业投保。

第二十九条 经营快递业务的企业应当实行快件寄递全程信息化管理，公布联系方式，保证与用户的联络畅通，向用户提供业务咨询、快件查询等服务。用户对快递服务质量不满意的，可以向经营快递业务的企业投诉，经营快递业务的企业应当自接到投诉之日起7日内予以处理并告知用户。

第三十条 经营快递业务的企业停止经营的，应当提前10日向社会公告，书面告知邮政管理部门，交回快递业务经营许可证，并依法妥善处理尚未投递的快件。

经营快递业务的企业或者其分支机构因不可抗力或者其他特殊原因暂停快递服务的，应当及时向邮政管理部门报告，向社会公告暂停服务的原因和期限，并依法妥善处理尚未投递的快件。

第五章 快递安全

第三十一条 寄件人交寄快件和经营快递业务的企业收寄快件应当遵守《中华人民共和国邮政法》第二十四条关于禁止寄递或者限制寄递物品的规定。

禁止寄递物品的目录及管理办法，由国务院邮政管理部门会同国务院有关部门制定并公布。

第三十二条　经营快递业务的企业收寄快件，应当依照《中华人民共和国邮政法》的规定验视内件，并作出验视标识。寄件人拒绝验视的，经营快递业务的企业不得收寄。

经营快递业务的企业受寄件人委托，长期、批量提供快递服务的，应当与寄件人签订安全协议，明确双方的安全保障义务。

第三十三条　经营快递业务的企业可以自行或者委托第三方企业对快件进行安全检查，并对经过安全检查的快件作出安全检查标识。经营快递业务的企业委托第三方企业对快件进行安全检查的，不免除委托方对快件安全承担的责任。

经营快递业务的企业或者接受委托的第三方企业应当使用符合强制性国家标准的安全检查设备，并加强对安全检查人员的背景审查和技术培训；经营快递业务的企业或者接受委托的第三方企业对安全检查人员进行背景审查，公安机关等相关部门应当予以配合。

第三十四条　经营快递业务的企业发现寄件人交寄禁止寄递物品的，应当拒绝收寄；发现已经收寄的快件中有疑似禁止寄递物品的，应当立即停止分拣、运输、投递。对快件中依法应当没收、销毁或者可能涉及违法犯罪的物品，经营快递业务的企业应当立即向有关部门报告并配合调查处理；对其他禁止寄递物品以及限制寄递物品，经营快递业务的企业应当按照法律、行政法规或者国务院和国务院有关主管部门的规定处理。

第三十五条　经营快递业务的企业应当建立快递运单及电子数据管理制度，妥善保管用户信息等电子数据，定期销毁快递运单，采取有效技术手段保证用户信息安全。具体办法由国务院邮政管理部门会同国务院有关部门制定。

经营快递业务的企业及其从业人员不得出售、泄露或者非法提供快递服务过程中知悉的用户信息。发生或者可能发生用户信息泄露的，经营快递业务的企业应当立即采取补救措施，并向所在地邮政管理部门报告。

第三十六条　经营快递业务的企业应当依法建立健全安全生产责任制，确保快递服务安全。

经营快递业务的企业应当依法制定突发事件应急预案，定期开展突发事件应急演练；发生突发事件的，应当按照应急预案及时、妥善处理，并立即向所在地邮政管理部门报告。

第六章　快递包装

第三十七条　快递包装应当符合寄递生产作业的要求，节约使用资源，避免过度包装，防止污染环境。

国务院标准化行政主管部门和国务院邮政管理等部

门按照职责分工组织制定快递包装的国家标准、行业标准。快递包装应当符合强制性国家标准。

第三十八条 国家鼓励科技创新，支持采用新技术、新材料、新工艺研发、生产符合绿色环保要求的快递包装。

第三十九条 经营快递业务的企业应当在保障快递安全的前提下，优化快递包装方式和包装结构设计，节约使用包装物。

鼓励经营快递业务的企业使用通过绿色产品认证的包装物。

第四十条 国家推动经营快递业务的企业与商品生产企业、电子商务企业协同发展，推广商品原装直发，减少寄递环节的二次包装。

第四十一条 经营快递业务的企业应当制定并实施快递包装操作规范，加强对其从业人员快递包装操作技能的培训。

第四十二条 经营快递业务的企业应当制定并实施包装物回收利用管理制度，优化业务流程，提高包装物的回收利用率。

鼓励在快递经营场所和企业事业单位、住宅小区等其他适当场所设置包装物回收设施设备。

第四十三条 经营快递业务的企业应当按照国家有关规定向邮政管理部门报告包装物中一次性塑料制品的

使用、回收情况。

第四十四条 国务院有关部门、县级以上地方人民政府及其有关部门应当组织开展多种形式的宣传教育活动，新闻媒体应当开展公益宣传，提高公众的环保包装意识。

鼓励经营快递业务的企业通过积分奖励、寄件优惠等方式引导用户重复使用包装物。

第四十五条 依法成立的快递行业组织应当将经营快递业务的企业使用、回收包装物等情况纳入行业自律范围，并及时向社会公布有关情况。

第七章 监督检查

第四十六条 邮政管理部门应当加强对快递业的监督检查。监督检查应当以下列事项为重点：

（一）从事快递活动的企业是否依法取得快递业务经营许可；

（二）经营快递业务的企业的安全管理制度是否健全并有效实施；

（三）经营快递业务的企业是否妥善处理用户的投诉、保护用户合法权益；

（四）经营快递业务的企业是否落实快递包装有关管理制度和强制性国家标准。

第四十七条 邮政管理部门应当建立和完善以随机抽查为重点的日常监督检查制度，公布抽查事项目录，明确抽查的依据、频次、方式、内容和程序，随机抽取被检查企业，随机选派检查人员。抽查情况和查处结果应当及时向社会公布。

邮政管理部门应当充分利用计算机网络等先进技术手段，加强对快递业务活动的日常监督检查，提高快递业管理水平。

第四十八条 邮政管理部门依法履行职责，有权采取《中华人民共和国邮政法》第六十一条规定的监督检查措施。邮政管理部门实施现场检查，有权查阅经营快递业务的企业管理快递业务的电子数据。

国家安全机关、公安机关为维护国家安全和侦查犯罪活动的需要依法开展执法活动，经营快递业务的企业应当提供技术支持和协助。

《中华人民共和国邮政法》第十一条规定的处理场所，包括快件处理场地、设施、设备。

第四十九条 邮政管理部门应当向社会公布本部门的联系方式，方便公众举报违法行为。

邮政管理部门接到举报的，应当及时依法调查处理，并为举报人保密。对实名举报的，邮政管理部门应当将处理结果告知举报人。

第八章　法律责任

第五十条　未取得快递业务经营许可从事快递活动的，由邮政管理部门依照《中华人民共和国邮政法》的规定予以处罚。

经营快递业务的企业或者其分支机构有下列行为之一的，由邮政管理部门责令改正，可以处1万元以下的罚款；情节严重的，处1万元以上5万元以下的罚款，并可以责令停业整顿：

（一）开办快递末端网点未向所在地邮政管理部门备案；

（二）停止经营快递业务，未提前10日向社会公告，未书面告知邮政管理部门并交回快递业务经营许可证，或者未依法妥善处理尚未投递的快件；

（三）因不可抗力或者其他特殊原因暂停快递服务，未及时向邮政管理部门报告并向社会公告暂停服务的原因和期限，或者未依法妥善处理尚未投递的快件。

第五十一条　两个以上经营快递业务的企业使用统一的商标、字号或者快递运单经营快递业务，未遵守共同的服务约定，在服务质量、安全保障、业务流程等方面未实行统一管理，或者未向用户提供统一的快件跟踪查询和投诉处理服务的，由邮政管理部门责令改正，处1

万元以上5万元以下的罚款；情节严重的，处5万元以上10万元以下的罚款，并可以责令停业整顿。

第五十二条　冒领、私自开拆、隐匿、毁弃、倒卖或者非法检查他人快件，尚不构成犯罪的，依法给予治安管理处罚。

经营快递业务的企业有前款规定行为，或者非法扣留快件的，由邮政管理部门责令改正，没收违法所得，并处5万元以上10万元以下的罚款；情节严重的，并处10万元以上20万元以下的罚款，并可以责令停业整顿直至吊销其快递业务经营许可证。

第五十三条　经营快递业务的企业有下列情形之一的，由邮政管理部门依照《中华人民共和国邮政法》、《中华人民共和国反恐怖主义法》的规定予以处罚：

（一）不建立或者不执行收寄验视制度；

（二）违反法律、行政法规以及国务院和国务院有关部门关于禁止寄递或者限制寄递物品的规定；

（三）收寄快件未查验寄件人身份并登记身份信息，或者发现寄件人提供身份信息不实仍予收寄；

（四）未按照规定对快件进行安全检查。

寄件人在快件中夹带禁止寄递的物品，尚不构成犯罪的，依法给予治安管理处罚。

第五十四条　经营快递业务的企业有下列行为之一的，由邮政管理部门责令改正，没收违法所得，并处1万元以上 5 万元以下的罚款；情节严重的，并处 5 万元以上 10 万元以下的罚款，并可以责令停业整顿直至吊销其快递业务经营许可证：

（一）未按照规定建立快递运单及电子数据管理制度；

（二）未定期销毁快递运单；

（三）出售、泄露或者非法提供快递服务过程中知悉的用户信息；

（四）发生或者可能发生用户信息泄露的情况，未立即采取补救措施，或者未向所在地邮政管理部门报告。

第五十五条 经营快递业务的企业及其从业人员在经营活动中有危害国家安全行为的，依法追究法律责任；对经营快递业务的企业，由邮政管理部门吊销其快递业务经营许可证。

第五十六条 经营快递业务的企业采用的快递包装不符合强制性国家标准，或者未按照国家有关规定向邮政管理部门报告包装物中一次性塑料制品的使用情况的，由邮政管理部门依照《中华人民共和国标准化法》、《中华人民共和国固体废物污染环境防治法》等法律、行政法规的规定予以处罚。

经营快递业务的企业未按照规定制定、实施快递包装操作规范或者包装物回收利用管理制度的，由邮政管理部门责令改正；拒不改正的，处 5000 元以上 2 万元以下的罚款。

第五十七条 邮政管理部门和其他有关部门的工作人员在监督管理工作中滥用职权、玩忽职守、徇私舞弊的，依法给予处分。

第五十八条 违反本条例规定，构成犯罪的，依法追究刑事责任；造成人身、财产或者其他损害的，依法承担赔偿责任。

第九章 附 则

第五十九条 本条例自2018年5月1日起施行。

司法部、交通运输部、国家邮政局负责人就《国务院关于修改〈快递暂行条例〉的决定》答记者问

2025年4月13日，国务院总理李强签署第806号国务院令，公布《国务院关于修改〈快递暂行条例〉的决定》（以下简称《决定》），自2025年6月1日起施行。近日，司法部、交通运输部、国家邮政局负责人就《决定》的有关问题回答了记者提问。

问：请介绍一下此次修改《快递暂行条例》的背景。

答：快递业是现代服务业的重要组成部分，是推动流通方式转型、促进消费升级的现代化先导性产业，在降低流通成本、支撑电子商务、服务生产生活、扩大就业渠道等方面发挥着重要作用。近年来，我国快递业迅猛发展，2024年业务量达1750亿件，已连续11年位居世界第一，人均接收快递超120件，但同时也带来包装物大量消耗资源和污染环境等突出问题，需要通过完善制

度等多方面措施综合施策、系统治理。党的二十届三中全会提出：发展绿色低碳产业，健全绿色消费激励机制，促进绿色低碳循环发展经济体系建设；完善资源总量管理和全面节约制度，健全废弃物循环利用体系。2018年施行、2019年修改过个别条款的《快递暂行条例》（以下简称《条例》）主要对快递业发展保障、服务规范和快递安全等事项作了规定，对快递包装问题仅有一条原则性规定，难以适应快递包装治理工作的实际需要。在总结实践经验的基础上对《条例》进行修改完善，填补制度空白，为快递包装治理工作提供更加有力的法治保障，对于推动快递业高质量发展，促进经济社会发展绿色低碳转型，具有重要意义。

问：修改《条例》的总体思路是什么？

答： 此次修改本着急用先行原则，主要针对快递包装问题进行专项修改，未涉及《条例》其他内容，在总体思路上主要把握了以下三点：一是坚持问题导向，针对快递包装带来大量消耗资源和污染环境等问题，健全完善包装管理相关制度机制，为推动快递行业绿色发展提供法治保障。二是坚持系统观念，围绕快递包装设计、生产、使用、回收、处置等环节完善制度措施，明确企业以及政府、行业组织、快递用户等各类主体的责任，力求形成全链条治理合力。三是坚持规范引导并重，统筹考虑行业实际和企业承受力等因素，在增强刚性约束的同时发挥好法律制度的引导功能，营造推动绿色发展的良好社会氛围。

问：《决定》在落实快递企业的治理责任方面作了哪些规定？

答：快递企业在快递包装治理工作中负有重要责任。《决定》在充分听取各方面意见的基础上，根据《固体废物污染环境防治法》相关规定和国务院关于推进快递包装绿色转型、加强商品过度包装治理等文件要求，强化了快递企业在快递包装治理工作中的主体责任。针对快递包装要求不明确的问题，规定快递包装应当符合寄递生产作业要求，节约使用资源，避免过度包装，防止污染环境；快递包装应当符合强制性国家标准。针对快递企业包装义务缺乏法律依据的问题，规定快递企业应当优化快递包装方式和包装结构设计，节约使用包装物，制定实施快递包装操作规范和回收利用管理制度，加强从业人员培训，报告一次性塑料制品的使用、回收情况等。针对快递包装行为外部监督不足的问题，规定将快递企业落实快递包装有关管理制度和强制性国家标准的情况纳入政府部门监督检查事项，将快递企业使用、回收包装物等情况纳入行业自律范围，并对违法行为规定了相应的法律责任。

问：《决定》如何推动快递包装全链条系统治理？

答：快递包装治理涉及面广，主体多、链条长，必须充分发挥相关方面的作用，实现全链条协同配合，深化治理效果。《决定》在规定国家完善综合性支持政策，推进快递包装绿色化、减量化、可循环，鼓励快递企业和寄件人使用可降解、可重复利用的环保包装材料的同时，针对绿色包装成本高的问题，规定国家鼓励科技创新，支持采用新技术、新材料、新工艺研发、生产符合绿色环保要求的快递包装；针对商品生产端、销售端源头治理不足的问题，规定国家推动快递企业与商品生产企业、电子商务企业协同发展，推广商品原装直发，减少寄递环节的二次包装；针对快递包装物回收利用率较低的问题，规定鼓励在快递经营场所和企业事业单位、住宅小区等其他适当场所设置包装物回收设施设备，鼓励快递企业通过积分奖励、寄件优惠等方式引导用户重复使用包装物。

问：此次修订《条例》要求"快递包装减量化""节约使用包装物"，是否会造成快递破损增加的问题？

答： 节约使用包装物应当以保障快递安全为前提。修改后的《条例》明确规定：经营快递业务的企业应当在保障快递安全的前提下，优化快递包装方式和包装结构设计，节约使用包装物。实践证明，通过规范快递的包装、运输、分拣、派送行为，能够在保障快递安全的同时减少包装物使用。去年底，国家出台了强制性国家标准《限制快递过度包装要求》，规定了快递减量包装的具体技术要求，为快递企业及其从业人员提供了操作指引。同时，节约使用包装物可以通过使用新型包装材料、优化包装方式和包装结构设计等途径实现，国家邮政局正在积极推广这方面的经验做法。

问：为确保《决定》顺利实施，有关方面还将开展哪些工作？

答：为确保《决定》顺利实施，有关方面将着重开展三方面工作：一是持续抓好宣传贯彻。组织开展多种形式的宣传和培训，帮助政府部门有关工作人员、企业等方面更好掌握《决定》内容，做到知法守法。深入开展快递绿色包装进机关、进企业、进社区、进校园、进家庭等"五进"工作，引导社会公众使用绿色包装，培养绿色消费理念。二是及时完善配套制度。《决定》真正落实落地，离不开配套规章、文件、标准等具体化操作性规定。交通运输部、国家邮政局将根据实际情况和需要，积极推动相关配套规章、文件等的制修订工作，完善相关标准，为《决定》顺利实施提供有力支撑。三是加强监督检查。邮政管理部门将以《决定》实施为契机，通过组织全国性抽查，开展快递包装抽样检测等方式，加大执法监督力度，依法查处违法行为，推动快递包装治理工作深入开展，不断提升治理成效。